Diego Rivera

Artista de México

Lila y Rick Guzmán

Enslow Elementary

an imprint of

Enslow Publishers, Inc.
40 Industrial Road
Box 398
Berkeley Heights, NJ 07922
USA

http://www.enslow.com

Note to Parents and Teachers: The *Famous Latinos* series supports National Council for the Social Studies (NCSS) curriculum standards. The Words to Know section introduces subject-specific vocabulary words.

This series was designed by Irasema Rivera, an award-winning Latina graphic designer.

Enslow Elementary, an imprint of Enslow Publishers, Inc.
Enslow Elementary® is a registered trademark of Enslow Publishers, Inc.

Spanish edition copyright 2008 by Enslow Publishers, Inc.

Originally published in English under the title *Diego Rivera: Artist of Mexico* © 2006 by Enslow Publishers, Inc.

Spanish edition translated by Lila and Rick Guzmán; edited by Strictly Spanish, LLC.

No part of this book may be reproduced by any means without the written permission of the publisher.

Library of Congress Cataloging-in-Publication Data
    Guzmán, Lila, 1952-
    [Diego Rivera. Spanish]
    Diego Rivera : artista de México / Lila y Rick Guzmán.
       p. cm. — (Latinos famosos)
    Originally published in English in 2006.
    Includes bibliographical references and index.
    ISBN-13: 978-0-7660-2676-6
    ISBN-10: 0-7660-2676-0
    1. Rivera, Diego, 1886-1957—Juvenile literature. 2. Painters—Mexico—Biography—Juvenile literature.
    I. Guzmán, Rick. II. Title.
    ND259.R5G8918 2007
    759.972—dc22
    [B]   2006035589

Printed in the United States of America

10 9 8 7 6 5 4 3 2 1

A nuestros lectores: Hemos hecho lo posible para asegurar que todos los sitios de Internet que aparecen en este libro estuvieran activos y fueran apropiados en el momento de impresión. Sin embargo, el autor y el editor no tienen control sobre, ni asumen responsabilidad por, los materiales disponibles en esos sitios de Internet o en otros de la Web a los cuales se conectan. Todos los comentarios o sugerencias pueden ser enviados por correo electrónico a comments@enslow.com o a la dirección que aparece en la cubierta trasera.

Se ha hecho todo el esfuerzo posible para localizar a quienes tienen los derechos de autor de todos los materiales utilizados en este libro. Si existieran errores u omisiones, se harán correcciones en futuras ediciones de este libro.

© 2005 Banco de México Diego Rivera & Frida Kahlo Museums Trust. Av. Cinco de Mayo No. 2. Col. Centro, Del. Cuauhtémoc 06059, México, D.F.: Instituto Nacional de Bellas Artes y Literatura, p. 25; Photograph © Giraudon/Art Resource, NY, p. 11(bottom/parte inferior). Photographs © Schalkwijk/Art Resource, NY, pp. 13, 23.

AP/Wide World, pp. 11 (top/parte superior), 12, 14, 16 (top/parte superior), 17, 20 (right/derecha),21; Archivo Cenidap-Instituto Nacional de Bellas Artes y Literatura, Mexico City, Mexico, pp. 4 (right/derecha), 10, 16 (bottom/parte inferior); Enslow Publishers, Inc., p. 4 (bottom/parte inferior); Getty Images/Hulton Archive, p. 19; Library of Congress, pp. 6, 7, 8 (both/ambos); 18, 20 (left/izquierda); Museo Casa Estudio Diego Rivera y Frida Kahlo/INBA, p. 4 (top/parte superior); Time & Life Pictures/Getty Images, pp. 1, 24, 26.

Cover Credit/Crédito de la cubierta: Courtesy of Smith College Musuem of Art, Northampton, Massachusetts. Diego Rivera, Mexican (1886-1957). Self-Portrait, January 1941. Oil on canvas, stretcher: 24" x 16 7/8" (60.96 x 42.8625 cm). Smith Collage Museum of Art, Northhampton, Massachusetts. Gift of Irene Rich Clifford.

❋Contenido❋

Diego Rivera

Diego, como de cuatro
años de edad.

1

Dibujando en las paredes

Un día, cuando Diego Rivera era un niñito, tomó un lápiz y empezó a dibujar. Dibujaba en todo: en las paredes, en las puertas y en los muebles. Para salvar la casa, el padre de Diego le dio un cuarto especial cubierto de papel. Le dijo a Diego que podía dibujar en cualquier cosa en ese cuarto.

Diego nunca dejó de dibujar durante el resto de su vida. Creció para llegar a ser un pintor de murales, es decir, un artista que pinta grandes cuadros en las paredes de edificios.

Diego nació el 8 de diciembre de 1886 en Guanajuato. Es un pueblo montañoso en el centro de México. Él tenía un hermano gemelo llamado Carlos.

Diego nació en este pueblecito. Sus padres, María y Diego de Rivera, eran ambos maestros. Su hermano gemelo murió cuando Diego tenía un año y medio. Carlos siempre había sido enfermizo. Aquel fue un tiempo muy triste para la familia.

Durante los dos próximos años, Diego a menudo se quedaba con su niñera, Antonia, en su aldea en las montañas. En su pueblo, él vivió en una bella casa con su madre, su padre y dos tías. En 1891 nació su hermanita María.

De niño, a Diego le encantaban los juguetes a los que

se les daba cuerda y los trenes. Le fascinaba la forma en que funcionaban. Le gustaba ir a la estación del tren a ver a los trenes llegar.

Cuando Diego tenía casi siete años, su familia se mudó a la Ciudad de México. En la escuela, el dibujo era lo único que le importaba. A los diez años de edad, comenzó a tomar clases nocturnas en la Academia de San Carlos, la escuela nacional de arte de México. Después de un año, dejó de ir a la escuela corriente. En su lugar, iba cada día a la Academia de San Carlos.

Diego y su familia se mudaron a una concurrida calle como ésta en la Ciudad de México.

En la escuela de arte, Diego estudió las obras de los grandes artistas. En las calles de México vio otro tipo de arte. Diego aprendió mucho de las caricaturas dibujadas por José Guadalupe Posada, un artista popular.

Todos vieron que Diego tenía mucho talento. Él era uno de los mejores estudiantes de la escuela. Ganó concursos de arte y se graduó de la escuela con altos honores. El gobierno le dio una beca, que es un premio en dinero para asistir a la escuela, para ir a estudiar arte en algunos países de Europa. En 1907, Diego se fue a Europa a aprender aún más sobre la pintura. Tenía veinte años de edad.

A Diego le gustaba el arte de Posada.

2

Se convierte en pintor

Diego estuvo en España, en Francia y otros países, estudiando arte, conociendo a otros artistas y pintando cuadros. Él pintó paisajes naturales (cuadros del campo), retratos (cuadros de personas) y naturalezas muertas (cuadros de objetos tales como frutas y flores).

En 1910, estalló la guerra en México. La mayoría de los mexicanos eran muy pobres. Estaban hartos de trabajar para los ricos y de no tener tierras propias. Ellos creían que un nuevo gobierno les traería una mejor vida. Así que empezaron a luchar para librarse del presidente Porfirio Díaz. Él era un dictador

Diego en España en 1907.

cruel que había gobernado México durante más de treinta años. La guerra se llamó la Revolución Mexicana y duró diez años.

Durante este período, Diego estaba en Europa trabajando en su arte. En París, Francia, conoció al gran artista Pablo Picasso. De Picasso, Diego aprendió acerca de un tipo de arte llamado cubismo. Una pintura cubista no se parece a una persona o a un objeto real. En vez de eso, la pintura muestra a una persona u objeto de frente, por detrás y por los lados, todo al mismo tiempo. El artista pinta en figuras, tales como el cuadrado, el círculo y los triángulos. La Revolución Mexicana fue el tema de una de las pinturas cubistas más famosas de Diego, *Paisaje zapatista* (1915). Muestra un sombrero mexicano, una manta y un

Emiliano Zapata ayudó a dirigir la Revolución Mexicana.

arma delante de algunos árboles y montañas.

Cuando Diego volvió a casa en 1921, ya había terminado la guerra. Los nuevos líderes creían que el arte de México era para todo su pueblo. No querían que el arte estuviera encerrado dentro de museos. Así que le pidieron a Diego y a otros artistas que pintaran murales en las paredes de los edificios públicos. A Diego le gustaba la idea de que todas las personas, los ricos y los pobres, pudieran disfrutar de sus pinturas. También se sintió

Paisaje zapatista es una naturaleza muerta cubista de la revolución.

Los ayudantes de Diego construyeron altas plataformas de madera para que pintara las partes más altas de sus murales.

feliz porque los cuadros en un mural pueden contar una historia. Muchos mexicanos no sabían leer.

Los murales de Diego eran una forma de enseñarles sobre la historia y los héroes de México.

En 1922, Diego comenzó su primer mural. Lo hizo sobre las paredes de la Escuela Nacional Preparatoria, una de las mejores escuelas secundarias de México.

Pintar un mural era trabajo arduo. A veces Diego trabajaba durante más de doce horas corridas. A veces no paraba para comer. Cuando pintaba un mural, el yeso en la pared tenía que estar mojado. Él tenía que terminar de pintar antes de que se secara.

A la gente le gustaba ver a Diego trabajando y a él le gustaba entretenerla con historias de su vida.

Esto es parte del mural llamado *Día de los muertos - Fiesta en la calle.* Sigue la flecha para hallar la cara de Diego. Está debajo del esqueleto que toca la guitarra a la derecha.

Algunas de las historias eran ciertas. Otras eran cuentos chinos. Diego era famoso por sus grandes historias y su loca imaginación.

El gobierno mexicano le pidió a Diego que pintara murales en el Palacio Nacional. En la escalera, Diego pintó la historia de México. Otras paredes tomaron vida con los templos, palacios y dioses de las tribus indias de México de mucho tiempo atrás. En una pared, Diego pintó maíz, frijoles, tabaco, chocolate, algodón, tomates, cacahuates y chicle. Él quería que los mexicanos se sintieran orgullosos de los productos que le daban al resto del mundo.

La historia de México, por Diego Rivera, en el Palacio Nacional.

3

Murales en los Estados Unidos

Un día, mientras Diego pintaba un mural, una mujer de dieciocho años de edad vino a verlo. Ella le mostró tres pinturas y le preguntó qué pensaba de ellas. Él dijo que eran muy buenas. Su nombre era Frida Kahlo. A Diego le gustó Frida y comenzó a visitarla en su casa. Pronto se enamoraron. Se casaron el 21 de agosto de 1929.

La fama de Diego como artista iba creciendo por todo el mundo. Cuando la gente en los Estados Unidos se enteró de sus murales en México, le pidió que pintara algunos para ellos.

Conocer a Frida fue "el hecho más importante de mi vida", dijo Diego.

En 1930, Diego y Frida hicieron sus maletas y se fueron a California. Allá, Frida y él fueron tratados como estrellas del cine. Asistieron a muchas fiestas y conocieron a personas importantes.

Diego pintó unos cuantos murales en San Francisco, California. Luego se enteró que el Museo de Arte Moderno de la Ciudad de Nueva York quería exhibir algunas de sus pinturas. Él se emocionó. Para Diego, éste era el mayor de los honores para un artista. El museo exhibió más de cien de sus pinturas. La exhibición fue todo un éxito.

Diego era un hombre tan grande que a menudo a Frida y a él los llamaban "el elefante y la paloma". Esta foto fue tomada el día de su boda.

Seguidamente, Diego y Frida fueron a Detroit, Michigan, una ajetreada ciudad con grandes fábricas de automóviles. Toda su vida, las máquinas lo fascinaron a Diego. A él le encantaba verlas en movimiento y haciendo ruido. Para sus murales en las paredes del Instituto de Arte de Detroit, él pintó a la gente trabajando en las fábricas con grandes máquinas, tubos y motores.

En 1933, un estadounidense rico llamado John D. Rockefeller le pidió a Diego que pintara un mural en un edificio que pertenecía a su familia en la Ciudad de Nueva York. Este trabajo no salió muy bien.

Cuando Diego pintaba, él no permitía que nadie le dijera qué hacer. Un día, Rockefeller hizo una visita

Parte de *Industria de Detroit* por Diego. Él pensaba que las máquinas eran muy emocionantes.

para ver el mural. Él se sorprendió y se enojó. Diego había añadido la cara de un líder ruso llamado Vladimir Lenin. Rockefeller no quería tener la cara de Lenin en el mural. Él le dijo a Diego que pintara sobre ella. Diego dijo que no. Poco después, Diego recibió un mensaje: Debía dejar de trabajar en el mural.

Rockefeller hizo que se cubriera con papel el mural sin acabar, para que nadie pudiera verlo. Poco después ordenó que se destruyera el mural. Diego se molestó, pero tenía fotos de su obra. Cuando regresó a México, él pintó una copia del mural en las paredes del Palacio de Bellas Artes de la Ciudad de México. Diego dejó la cara de Lenin. Cerca de ella, él añadió la cara de Rockefeller.

Diego no quería que nadie le dijera lo que podía o no podía pintar.

☀ 4 ☀
Diego y Frida

A veces Diego pintaba su propio retrato y a veces pintaba retratos de personas famosas. Él vio belleza e importancia en todos. Así que también pintó cuadros de campesinos y otros trabajadores. Los niños también fueron algunos de sus temas favoritos.

La esposa de Diego, Frida, también era pintora, pero las obras de ambos eran muy diferentes. Mientras él llenaba

Frida hacía pinturas de sí misma y de su vida, tales como *Las dos Fridas* y otras pinturas colgando de las paredes.

Izquierda: *Escuela al aire libre*, 1932. Abajo: Una mujer mira una de las pinturas de Diego en una exhibición de museo en 1999.

enormes paredes con su arte, ella pintaba pequeños retratos de sí misma. Los murales de Diego cuentan grandes historias de México. La mayoría de las pinturas de Frida son sobre cosas que pasaron en su propia vida.

Diego amaba mucho a su esposa, pero no siempre fue un buen esposo. El matrimonio de Frida y Diego tuvo muchos problemas. Después de diez años, se divorciaron.

En 1940, la ciudad de San Francisco le pidió a Diego

Esta foto de Diego y Frida fue tomada en San Francisco unos días antes de su segunda boda.

que pintara un mural mostrando a los mexicanos y a los estadounidenses trabajando juntos. A Diego le alegraba regresar. Para este mural, la *Unidad panamericana,* mostró la vida tanto en México como en los Estados Unidos. Él pintó escenas del pasado y del presente. Incluyó retratos de mexicanos y estadounidenses que trabajaban por la libertad. Como Diego amaba las máquinas, también incluyó algunas en el mural. El retrato de Frida además estaba allí.

Diego se sentía miserable sin Frida. Ella también lo extrañaba. El día de su cumpleaños, el 8 de diciembre de 1940, Diego y Frida se casaron por segunda vez. Él tenía cincuenta y cuatro años.

5

Un mural de recuerdos

En 1947, un hotel en la Ciudad de México contrató a Diego para pintar un mural en el comedor. Cerca había un lindísimo parque. Diego recordaba los paseos al parque y cómo se divertía allí. Él decidió pintar un mural del parque. En *Sueño de una tarde dominical en la Alameda Central*, él pintó un retrato de sí mismo como niñito. Tiene una rana en un bolsillo y una culebra en el otro. Diego dibujó a muchas personas de su vida y cosas de su niñez. Él puso a su esposa, Frida, en el mural, de pie, detrás del pequeño Diego.

En el centro de esta parte de *Sueño de una tarde dominical en la Alameda Central*, encontrarás al joven Diego, con Frida de pie detrás de él. Un esqueleto con un gran sombrero sostiene la mano de Diego. Al otro lado del esqueleto está el artista José Guadalupe Posada.

El estudio de Diego estaba lleno de su arte.

El mural también muestra escenas importantes de la historia de México.

Diego terminó el mural en 1948. A los dueños del hotel no les gustó una parte de este mural. Ellos le pidieron a Diego que lo cambiara. Cuando él dijo que no, ellos cubrieron el mural con una sábana. Pasaron ocho años antes de que Diego aceptara hacer el cambio.

En 1949, Diego pintó este retrato de sí mismo
como un viejo. Se llama *Los estragos del tiempo*.

Para Diego, el arte era más importante que cualquier otra cosa.

Entonces, por fin, la gente podía ver este bello mural. Hoy, *Sueño de una tarde dominical en la Alameda Central* es uno de los murales más famosos de Diego.

En 1949, el Instituto Nacional de Bellas Artes preparó una exhibición especial de las obras de Diego. Él había estado pintando durante más de cincuenta años. Diego también coleccionaba el arte de los indios que vivían en México hace muchos, muchos años. Él construyó su propio museo, llamado Anahuacalli, sólo para este tipo de arte.

El 13 de julio de 1954, murió Frida, la esposa de Diego. Tres años más tarde, el 24 de noviembre de 1957, Diego murió de un ataque al corazón. Él tenía setenta y un años. Él donó su museo al pueblo mexicano.

"Los momentos más felices de mi vida fueron esos que pasé pintando."

Diego es uno de los grandes artistas del mundo. Él pintó muchos cuadros de todos tamaños, pero es mejor conocido por sus murales. Si todos sus murales fueran puestos lado a lado, cubrirían más de un milla. Diego amaba a México y él usó su arte para mostrar que todos los mexicanos, ricos o pobres, eran importantes. Sus murales contaban historias del pasado y del presente. Su arte le enseñó al pueblo mexicano a enorgullecerse de su país.

❋ Línea del tiempo ❋

1886 Nació en Guanajuato, México, el 8 de diciembre.

1893 Su familia se muda a la Ciudad de México.

1896 Diego empieza a asistir a la escuela de arte.

1907 Viaja a Europa para estudiar arte.

1921 Regresa a México.

1922 Comienza a pintar su primer mural.

1929 Se casa con Frida Kahlo, quien también es artista.

1930 Diego pinta murales en San Francisco.

1931 El Museo de Arte Moderno de la Ciudad de Nueva York realiza una exhibición especial de sus obras de arte.

1932 Pinta murales en Detroit.

1933 Comienza a pintar un mural en el Centro Rockefeller de Nueva York, pero es despedido. Regresa a México.

1954 Frida Kahlo muere.

1957 Diego muere el 24 de noviembre.

✺ Palabras a conocer ✺

academia—Una escuela que enseña temas especiales, tales como el arte, la música o el baile.

dictador—Una persona que gobierna con poder total.

fábrica—Un lugar donde se hacen automóviles, ropa, u otras cosas.

miserable—Muy infeliz.

mural—Una gran obra de arte pintada en una pared o cielo raso.

museo—Un edificio donde el público puede ver obras de arte y ciencia.

yeso—Una pasta que se endurece y que se usa para cubrir las paredes.

preparatoria—Prepararse para algo. La escuela preparatoria prepara a los estudiantes para la universidad.

público—Abierto a todo el mundo.

revolución—Derrocar al gobierno para poner nuevos líderes en su lugar.

cuentos chinos—Historias que no son ciertas.

❧ Más para aprender ❧

In English / En inglés

Mattern, Joanne. *Diego Rivera*. Edina, Minn.:
    Abdo, 2005.

Schaefer, Adam R. *Diego Rivera*. Chicago, Ill.:
    Heinemann Library, 2003.

Schoeneberger, Megan. *Diego Rivera: Artist and
    Muralist*. Mankato, Minn.: Capstone Press, 2006.

Sabbeth, Carol. *Frida Kahlo and Diego Rivera—Their
    Lives and Ideas: 24 Activities*. Chicago, Ill.: Chicago
    Review Press, 2005.

In Spanish / En español

Bulloch, Ivan. *Juguemos con
    pintura*. London, England:
    Two-Can Publishers, 2002.

✳Direcciones de Internet✳

In English / En inglés

"The Virtual Diego Rivera Web Museum."
<http://www.diegorivera.com>

This site has a biography, pictures of Diego's artworks, and some short videos.

In Spanish and English / En español y inglés

"The Diego Rivera Mural Project,"
City College of San Francisco.
<http://www.riveramural.com>

See Diego's Pan-American Unity mural and learn more about the artist and about murals.

☀ Índice ☀